SUPER Carotte 3

LA KIWID

MARINE GEAY & QUENTIN NORMAND

Il était une nouvelle fois,
Super Carotte.

Au bout de sa rangée,
il pouvait enfin savourer la paix retrouvée.

De nouveaux légumes avaient été plantés,
ainsi que des arbres fruitiers.

Les soirées endiablées
rythmaient la vie du potager.

Fruits et légumes aimaient se retrouver
au bord de l'étang pour danser
sous les projecteurs des vers luisants.

SALADE DE FRUITS
JOLIE JOLIE ...

Mais depuis la dernière soirée,
certains légumes
voyaient des poils
leur pousser sur tout le corps.

Jusqu'au jour où ...

AU SECOURS,
SUPER CAROTTE !

Les légumes du jardin étaient tous couverts de poils, de la tige à la racine.

Une nouvelle mission pour Super Carotte :
enquêter sur ce qui développait leur pilosité.

Il ne fallut pas longtemps à **Super Carotte**
pour faire le lien entre la dernière
fruit-party et leur maladie.

Franky le kiwi avait vite avoué avoir participé
alors qu'il était enrhumé.

Mais comment faire maintenant
pour soigner tout le potager ?

Super Carotte était pour une fois dans les choux.
Ses connaissances en botanique étaient assez limitées,
il manquait de culture en **permaculture**
et de savoir-faire en **phytosanitaire**.

Il prit la sage décision
de faire appel à des **experts**.

Le **Dr Léon Cornichon**, spécialiste
de la mise en conserve, proposa
d'immerger tous les légumes
dans un bain de vinaigre.

Les **professeurs Pop et Corn**,
avaient eux, une solution disons plus ... chimique.

À cela s'ajouta l'avis du **chimiste Gustav Oka**
qui voulait juste mouliner tout ça.

MAIS PUISQUE JE VOUS DIS QUE C'EST SANS DANGER !!!

J'AI DEMAAAANDÉ
À LA LUUUUUNEU

Aucune des propositions de ces éminents scientifiques ne fut encouragée par notre potager.

Difficile pour **Super Carotte** de couper la poire en deux. Il perdait tout courage, il lui semblait chercher un cheveu dans une touffe de poils.

Les petits pois préféraient qu'on leur lâche la grappe, les courgettes trouvaient que cette histoire partait complètement en cacahuète.

Sans parler de certains légumes qui avaient carrément chopé le melon avec leurs quatre poils sur le caillou !

Les plus **anciens légumes**,
de ceux qui ne veulent pas être oubliés,
re re re et re-racontaient
les grands passages de l'Histoire.

ÇA ME RAPPELLE LA GRANDE ÉPIDÉMIE DE MILDIOU DE 1845 !!!

Les jours passaient et les idées continuaient
à germer dans les rangées.
Freddy le céleri pensait qu'il fallait élaguer.

LAISSEZ-MOI EN FAIRE DE LA RÉMOULADE, ÇA FINIRA BIEN PAR NE PLUS POUSSER !

ON EN A RAS-LE-BOL !
梨
Ma bonne Poire

ELLE COMMENCE À ME COURIR SUR LE HARICOT CETTE KIWID

C'est finalement **Kamel le kumquat**,
un fruit exotique expert en botanique
qui leur soumit l'idée des infusions de chlorophylle.

Bien vite la prairie
voisine fut prise d'assaut.

Décoctions de persil, tisanes d'aigremoine, bouillies de pissenlit, galettes de pâquerette, bains de plantain et autres hachis parmentrèfles furent consommés.

Après quelques jours de traitement,
les poils avaient cessé de pousser ...

Bon sauf pour **Franky**,
mais pour lui c'est normal !

Kamel fut grandement remercié pour ses conseils avisés. Il fut décidé que dorénavant, tous les fruits et légumes seraient sensibilisés à la botanique.

BIODIVERSITÉ
ÉCOSYSTÈMES
DURABLE
Jardin=
SOINS À LA TERRE
SOINS AUX GENS

Aux côtés de Kamel,
Super Carotte en avait pris de la graine.

FIN

WAOUU CEUX-LÀ
ILS NE DOIVENT PAS
COMPTER POUR
DES PRUNES

MERCI À TOUS

AUBERT BRUNO / BARADEL FABIEN / BARBIER ODILE / BAUDY ROMAIN / BAUDY LUCIE / BAUDY ALICE / BAUTHAMY BEATRICE / BERNARD CHRISTELLE / BERNHARD JESSICA / BICAIS ARIANE / BOUVIER CHLOÉ / BOUVIER MARIE LINE / BOVET ANGÉLIQUE / BRES PETIT AMAURY / CAILLET CHRISTINE / CASTELLE MÉLANIE / CASTELLE OLIVIER / CHALAL SALOMÉ / CHASSERÉ DOMINIQUE & FRANÇOIS / CHASSERÉ JULIE / CHENNEBAULT CAMILLE / CLARET JOËLLE / CLERC DANIEL / COMBAZ AMANDINE / COMBAZ LOUISE / COMBAZ MARCEAU / CORDONNIER HARMONIE / CORNET ADELINE / COUTIER MARIE AGNES / DEBORDE ISABELLE / DELMAS AMÉLIE / DUPENDANT ANAÏS / DUPIN MATHILDE / DUPIN EVELYNE / FAUTRAT ANAIS / FELLMANN MAËL / FELLMANN LÉO / FERRANTE GABRIEL / FERRANTE ANDREA / FERRY ANNABEL / FOUQUE LAURENCE / GEAY PHILIPPE / GEAY CHRISTELLE & YANN / GEAY LAURANE / GEAY-FELLMANN RAPHAËLLE / GONIN GWENDOLINE / GROS ADELINE / HERRERA PATRICIA / HOSXE BÉATRICE / JANIN EMILIE / LAMARCA EDMOND / LECLERC GEAY RAFAELE / LECOYER SOPHIE / LEJEUNE ALICE / LENGELE LINE / LEPROVOST LAETITIA / LIABEUF PASCAL / LOHAT ISABELLE / MARTENON FRANCK / MAUDOT SIMON / MAUDOT CHLOÉ / MICHEL GAËTAN / MIGUET CELIA / MOLLARD AURÉLIE / MOREL BACCARD CHRISTINE / MUNOZ CORTES MARINE / NAU MADELEINE / NITSCHNEIDER LÉA / NORMAND MAGALIE / NORMAND JOHAN / PAILLÉ KEVIN / PAULY VINCENT / PAULY MARIE / PELLEGRINO SIENNA / PETIT MARION / PEYRE LAVIGNE CATHY / PEYRE LAVIGNE MANON / REY DELPHINE / REY JULIE / ROCHER ROBIN / ROCHER LOU / RUGA ROMARIC / SAID XAVIER / SEBTI NADIA / SERVAIS JEANNE / TARI CLÉMENCE / TARI JOSÉPHINE / THOMAS CATHERINE / TOGNET MARJORIE / VAUCHER DOMINIC / VERNET ESTELLE / WANG YVES

À TOI DE REMPLIR LES BOCAUX DU DR LÉON CORNICHON

SI CHEZ TOI, TU AS DES PROBLÈMES DE POTAGERS
OU UNE BONNE BLAGUE À PARTAGER.

QUE TU AS UN FRUIT OU UN LÉGUME PRÉFÉRÉ,
ALORS PREND LA PLUME POUR EN PARLER À SUPER CAROTTE !!

Salut Super Carotte,
pour tes prochaines aventures, j'aimerais ...

Envoie-nous ta lettre (nous la ferons suivre à Super Carotte, promis !) à :

Les Chouettes Histoires de Chartreuse
759 Route des Meuniers - 38380 Saint Pierre d'Entremont

DÉCOUPE TES PERSONNAGES PRÉFÉRÉS !